님께

삶에서 찌릿한
전기에 감전되듯
순간의 번쩍임으로 느낀
소소함

김정임

천년의 사랑

# 천년의 사랑

김 정 임  시집

**그림과책**

■ 시인의 말

 2월 봄을 재촉하는 비가 내리는 날.
 움츠린 마음에 생명이 꿈틀거리듯 우리들 가슴마다 부드러운 봄비를 폐부로 느끼며 설렘으로 맞는 이른 봄날.
 그동안 발표했던 작품을 꺼내 빛나는 보석을 만들듯 흩어져 있던 시편을 묶어 한 권의 시집으로 엮었다. 이 일도 설렘과 떨림으로 즐겁고 행복한 시간이었다.
 삶에서 찌릿한 전기에 감전되듯 순간의 번쩍임으로 느낀 소소함, 이것이 많은 이에게로 가서 위로와 공감이 될 수 있다면 더이상 바랄 게 없겠다는 생각으로 작업 내내 가슴 떨리고 행복했다. 많은 이들의 마음에 봄비처럼 촉촉한 단비가 되었으면 좋겠다.

 아름다운 보석으로 만들어주신 시사문단 손근호 발행인님, 김수현 편집장님께 감사함을 전합니다.
 그리고 항상 나의 글을 보고 조언을 해주고 시집이 완성되는데 많은 응원을 해 준 가족들 고맙고 사랑합니다.

2020년 2월

김정임

시인의 말 5

## 1부 억새꽃

양파 14
억새꽃 15
울렁증 16
월출산 18
구절초 19
봄비 종소리로 오다 20
동짓날 밤 21
유랑자 22
봄 그리고 매화 23
어머니 1 24
목련꽃 필 때 25
양귀비꽃 1 26
별 헤는 밤 1 27
목련 2 28
눈물 3 29
몽돌 30
능소화 2 31
오두막 32
서러웁다 33
밤 2 34
잡초 35
섬 3 36
향수 1 37
봉선화 피는 밤 38
하늘과 바다 39
봄비가 내리는 날 40
눈물 1 41

## 2부  달무리

오동나무 전설　44
불나비 2　45
해 지는 밤　46
오월　47
폭염　48
마늘　50
새벽　51
달무리　52
별빛 쏟아지는 밤　53
파도 2　54
구월 장마　55
별　56
망각　57
이별　58
그림자　60
홍수　61
달맞이꽃　62
가을 4　63
낮달　64
천사의 나팔꽃　65
아버지　66
밤바다　68
봄의 손짓　69
설야　70
가을 달빛 2　71
어머니 2　72

## 3부 천년의 사랑

이슬 76
가시연꽃 77
마음 2 78
성황산 79
풀벌레의 노래 80
가을 5 81
가을 달빛 1 82
단풍 1 83
천년의 사랑 84
황토현 86
겨울 담쟁이 88
손톱깎이 발톱깎이 89
낙엽 90
핑계 91
사선의 빛 92
눈 93
가을밤 2 94
바다 95
그대 96
가을 2 97
담쟁이넝쿨 98
가을 3 99
별 헤는 밤 2 100
눈 2 101
꽃 2 102
봄비 2 103
텃밭 104

## 4부 빨간 우체통

목련꽃 지는 길목 108
반사경 110
꽃잎이 바람에 흔들릴 때 111
갱년기 112
천상의 커튼 114
낡은 기와집 116
그녀 117
사랑 118
그 가을 억새는 119
처서 120
빨간 우체통 121
양귀비꽃 2 122
눈물 2 123
문신 124
그냥 125
코골이 126
가을이 못다 쓴 편지 127
은행나무 128
불나비 1 130
구월 131
동백꽃 지다 132
겨울 1 133
가을밤 3 134
감 136
억새 1 137
눈 내리는 내장산 138
눈의 화원 140
팽목항의 바람 141

# 1부

## 억새꽃

사선으로 기우는
가을 햇살에
은빛으로 빛나는
억새꽃이 바람에 흔들리네

# 양파

생채기 난 양파는
작은 상처에 눈물이 흐르고

적셔진 생명은
마음을 녹여내듯

고통으로 얼룩진
역한 냄새를 풍기며

전염성 강한
인플루엔자처럼 퍼져

삭여진 내음은
세파에 시달리고 아픔에 일그러진

내 삶 속에도
저리 아린 고뇌의 진물이 날까

## 억새꽃

사선으로 기우는
가을 햇살에
은빛으로 빛나는
억새꽃이 바람에 흔들리네

한여름 내리쬐던
태양빛 열기도
날이 선 억새 잎을
무디게 하지 못하고

넘치는 열정을 삭이듯
물결치는 억새꽃은

잠자리 날개처럼
연어의 비늘처럼
아라크네\*의 비단처럼
아름다운 빛이여

아! 저 빛을 위해

억새는 무사의 위엄을 지켰나 보다

\*아라크네 : 그리스 로마신화에 나오는 천을 잘 짜는 여인

## 울렁증


모내기로 바쁜 오월
하늘이 찢긴 듯 비가 내리고
천둥은 불호령하듯
울어대던 그날

아버지는
귀청 시끄러운
경운기를 끌고 돌아오셨다

그리고는
뇌출혈로 응급차에 올라
병원에 가신 후
영영 돌아오지 못하셨다

그 후
응급차 소리만 들어도
가슴이 먹먹해지는
울렁증이 생겼다

그리움에
눈은 뿌연해지고

마음 아프고 목이 메는

언제쯤 이 울렁증에서
놓여날 수 있을까

## 월출산


억새꽃은
솜털 구름처럼 날리고

켜켜이 쌓인 바위는
핏빛 눈물 자국으로 얼룩져
바위틈 곳곳에 생명을 키우고

세월의 풍파에 닳아버린
부드러운 능선은 시선을 붙잡네

하늘에 닿은 산봉우리는
운무에 따라
빛이 다른 얼굴을 하고

바위의 눈물을
먹고사는 작살나무는
연둣빛 잎과 보라색 열매로
아름답게 빛나고

산새들은
힘찬 날갯짓으로
자유로운 내일의 이상을 꿈꾸네

## 구절초

하늘은 맑은 물에
우유를 떨어뜨린 듯
흰 구름 노닐고

노송 아래 청초하게 피어난
구절초는 꿈에 부푼
소녀처럼 미소 짓네

바람 따라 흔들리는 꽃들은
유년 시절의 빛깔로
추억 속에 머물고

코발트빛 하늘에
빼앗긴 마음은 깊어가는 가을밤
그리움이 별빛으로 박혔네

# 봄비 종소리로 오다


봄비 내리는 날
세상이 촉촉이 젖었다

창밖으로 내리치던 기스락* 물소리
산사에서 울리는 타종 소리

깊은 울림으로 부딪치던
처마 밑 노크 소리

봄을 깨우는 우리 집 종소리
쨍그랑 땡
쨍그랑 땡땡

조용한 암자에 풍경이 울고
스쳐 가는 바람
찰나에 비켜 앉은 인연

봄비와 함께 눈물로 울리는 종소리
암자를 적시는 타종 소리

*기스락 : 처마끝 방언

## 동짓날 밤

깊고 깊은 까만 밤하늘에
별들이 반짝이면
네이비빛 하늘에
어린왕자의 별이 흔들린다

저리 아득한 곳에
자릴 잡은 어린왕자의 별
추운 동짓날 밤도
그 별은 훈훈한 이야기꽃이 피워지고

세상에 이루지 못한 꿈속을
헤매는 가엾은 영혼들이
삶의 길목을 비틀거리며
온 힘을 다해 붙잡아 보지만

잡을 수 없는 꿈이
어린왕자가 있는 별 속에서
환하게 빛나는 황금빛으로
수많은 사람들을 비추고 있다

# 유랑자

황토물 위에 떠 있는 연꽃도
진흙탕 속에 깊이 뿌리를 갖고 있다

흘러가는 물
흐르는 시간 속으로
세월을 살고 있는 유랑자

뿌리박을 척박한 땅 한 조각 갖지 못해
물속 부유물
바람 속 미세먼지
구름 속 입자로

한 점 그림자도 갖지 못한
유랑의 길

방충망에 끼이지도
여과지에 걸러질 수도 없는
유령인가 방황인가

자유로운 영혼이라 자부하며
오늘도 소리 없이 흘러가는

# 봄 그리고 매화

마른 겨울
버석거리는 검불 위로
아지랑이가 꿈틀거린다

굳은 땅 얼어붙은 지면 위로
검은 매화나무
세월을 먹어 울퉁불퉁 표피에 진 멍울

하늘 향해 솟은 희망을 키워
여린 가지마다
물을 먹은 봉오리에 불이 켜졌다

땅과 맞닿은 매화나무 가지에
터지는 웃음
수줍어 벙그레 봄을 반긴다

봄이 순화시킨 바람
매화꽃 여린 가지는
무아지경이다

# 어머니 1

아흔네 살 어머니
쇠약한 몸 가누지 못해
응급실을 거쳐
중환자실에 입원하셨다

오늘 밤이 고비라는

서울 딸아이 전화기 속
할머니 얼굴 뵌 지 오래라며 울먹이고
내 눈은
봇물 터진 눈물이 멈출 줄 모른다

어머니와 나
내 가슴과 어머니 가슴에 연결된
정신적 탯줄
가슴을 후비며 떨어지려 한다

자식들의 유일한 신이 신 어머니
어 머 니

# 목련꽃 필 때


내 그리움이
저 목련 빛이었으리

파릇파릇 피어나는 봄의 전령들
소리를 낼 수 없어 비집고 나오는 미소
부드러움으로 무장한 봄의 새싹은
부끄러워 살포시 고갤 내밀고

마른 나목이 눈을 뜨고
천연의 빛으로 유혹하는 봄

물속이 아니어도
연은 봉긋하게 우아하게
봄을 부르는 전령의 문서를 들고
미소 짓고 있다

# 양귀비꽃 1

고혹적인 자태가 흔들거린다

신록 속을 헤집은
저 붉은 눈동자
안구에 가득 고인 눈물

요동치는 몸부림에
출렁이던 열정
붉디붉은 에너지 터지고 말았다

그 누구의 애간장이 저리 녹아내리는가

# 별 헤는 밤 1

어둠이 있어 꽃이 되는 별빛
한밤의 고요가 정적으로 다가오고

창밖의 휘황한 꽃들이
유혹의 눈길로 찌-릿
추파를 쏘아대는 밤

두려움도 잠재운 고요 속
멀리서 들려오는
카랑카랑한 개 짖는 소리

이 밤을 재우는 자장가인가

깊은 밤 잠들지 못해
서걱서걱 베갯잇 소리

밤을 밝힌 화려한 꽃들이
자꾸만 눈에 밟혀

오늘 밤도 꼬박 별을 헤고 있다

# 목련 2

매서운 바람을 마주하고
고목은 촛불을 들고
간절한 기도를 올렸다

환하게 밝혀진 목련꽃 아래서
내 안에 들어있는 소원
하나둘 이루어지길 빌며

눈뜨지 못한 심봉사와 효녀 심청의
간절함을 이루어 준
고결한 연꽃의 아름다움으로

목련은 순결하게 피어나고
촛불에 흔들림으로
가냘프게 떨고 있나니

## 눈물 3

문득 눈물에 젖어
촉촉이 스며들던 너

태평양 한가운데서
물이 모자라

내 눈에
자꾸만 물이 고여 마를 줄 모르고

심장을 적시고
또 적셨다

눈물이란
꼭 눈만 젖지는 않는 것을

# 몽돌

파도가 밀려와 섬세한 손길로
돌과 모래를 훑고 간다

저 파도는
바람에게 생명을 얻고
힘을 받아 너울로 춤춘다

그 파도에 씻긴 몽돌

수만, 수억의 파도를 만나
살점을 도려내고
아픔을 어루만져 뭉개어진 어록

오늘 이 마음 어디도 갈 곳 없어
달궈진 몽돌에 흡입되었다

아픔도 내성이 생겨
몽돌이 된 가슴
또 하나의 어록을 추가해 볼까

# 능소화 2

덩굴진 몸에 기대어
일생을 살리라 믿었건만
바닥에 툭 떨어진 능소화

올곧이 시들지 못하고
땅 위에 화려한 자태 뽐내고 앉아
누굴 기다리고 있나

가장 화려한 삶을
떨궈진 대지 위에서
부들부들 떨고 있는 능소화

노도에 길게 누워
누굴 위해 미소 지으며
안간힘을 쓰고 있는가

# 오두막

오랜 시간 흘렀다고 말하지 않아도
오두막을 보고 있으면
세월 속 흔적들이 하나둘 끌려 나온다

먼 기억 저편
생각지 않으려 해도
각인된 어린 날 장면들

가슴에 묻어둔 추억
어제 일처럼 손에 잡힐 듯
고향집 향기를 뿜어낸다

그곳엔 전설이 가득해
눈물 나게 어렵던 시절
끈적이던 형제애까지 녹아있다

# 서러웁다

그리움이 봇물처럼 커져
헛헛함을 가늠 수 없어
마음 한쪽을 갈라내었다

서러움은 기대치에 목마름이고
바람에 스미는 서늘한 가슴
움켜쥔 욕심이란 걸

눈물을 쪽 짜서 내버리고
또다시 한가득 고인 눈물이
마음 한 귀퉁이를 휘휘 돌았다

서러웁다 서러웁다 하는 말은
그 어떤 대상이 있어서이다
그 어떤 기대가 있어서이다

설움에 고인 감정 툴툴 털고
서러웁다 표현하지 말고
내면을 그득히 들여다봐야 할 때

# 밤 2

어둠에게 영역을 허락한 시간
나무들마저 검은 그늘을 키우는
검고 깊은 밤

강렬한 빛들이 잠든
잿빛 밤 풍경 속으로
유유히 흐르는 회색빛 구름

밤에 감시자가
어둠을 갉아먹는 달빛 속

닫힌 커튼 사이로
빼꼼히 고개 내민 보름달

깊고 푸른 하늘 아래
낮게 가라앉은 나의 영역을
호시탐탐 탐내고 있다

# 잡초

안마당에 잔디를 심고
담벼락 옆으로 석축을 쌓아
정원수를 심었다

잔디밭은 잔손질이 많이 가고
가로수로 심어진 단풍나무는
바람결에 씨앗을 날렸다

잔디 속에 싹틔운 단풍은
환영받지 못하는 잡초
단풍어린 싹을 찾아 뽑고 또 뽑는다

잔디는
나무들의 영역인 석축 위를 넘나들며
무성하게 자랐다

에-휴 이런
나무 밭에선 잔디가
그야말로 잡초

# 섬 3

나를 가두지 못한 하늘
나를 가둔 바다

꼭꼭 가둔 그곳에
하늘을 이고 선 섬

하늘의 눈물로
그 섬을 채우다

# 향수 1

추운 겨울날 골방에 쑤싯대로 만든
퉁아리에 가득 찬 고구마를
따뜻한 아궁이에 구워 먹던 시절

겨울바람 쌩쌩 불면
가오리연 하나씩 들고
들판을 누비던 추억들

문 밖에서 못치기 자치기에
오징어. 십자. 댕깡 살이*에
시간 가는 줄 모르고 놀던 친구들

이제는 먼 기억 속
향수에 젖어
그 시절 친구들이 그리워지네


*오징어살이, 십자살이, 댕깡살이 : 게임의 일종, 모양대로 그려놓고
편을 갈라 하는 게임

## 봉선화 피는 밤

봉긋이 솟은
소녀의 젖가슴처럼
선술집 문 앞에
봉선화 꽃망울 터지네

화롯불에
술안주 익어가고
피 토하듯 소주를 들이켜며
옛 추억을 이야기하는데

밤 깊은 하늘에
별들은 반짝이고
초승달은
저 홀로 기우네

# 하늘과 바다

해 질 녘
하늘엔 비행기가
은빛 연어가 유영하듯
구름 사이로 날아간다

본디 하늘과 바다는 하나였던 게지

구름은 파도처럼 쓸려가
하늘인지 바다인지 알 수가 없다

석양빛에 물든 구름은
신기루에 색조를 띠고

물고기들처럼 흘러가고 몰려오는
하늘과 바다의 경계는 어디일까

## 봄비가 내리는 날

그녀가 갔다
대지를 두드리던 빗소리
겨울을 흔들어 깨웠다

긴긴 어둠의 터널을 지나
희망으로 빛나던 봄

암흑의 겨울 속을 밝히던 생명은
검은 머리칼 훑던 칼바람을
맞설 힘마저 소진되었다

빛나던 그녀의 눈빛
찰랑이던 생 머리칼
가녀린 몸매에 낭랑한 목소리

내가 몰랐던 그녀의 삶을
생이 끝난 뒤에야 마주하다니

스스로의 삶을 믿음으로 풀어
소신껏 정리하고
천상의 공원으로 소풍처럼 떠난 그녀

*쉰다섯 살 최지숙〈숙자〉 그녀를 기리며

# 눈물 1

바람이 몰고 와 내리치는 비
흔들흔들 몰아가다 툭툭 부딪치며
많은 봄비가 내린다

바람 사이를 훔쳐보며 요동치다가
가늘게 힘을 잃고 비틀거리며
굵은 음색의 리듬을 타고

잠자는 대지를 깨우기 위해
부산스런 움직임으로
생명을 불어넣는다

아아 그랬나 보다
누군가가 사무치게 그리운 날
가슴이 헐렁해 꼬옥 안아주고 싶은

그리하여 웅크린 대지 속에
저리도 흥건한 눈물을
펑펑 울어대고 있는가

# 2부

## 달무리

달무리 긴 밤하늘엔
그리움에 젖은 휑한 눈빛이
속수무책 눈물을 흘리고야 말 기세다

# 오동나무 전설

한파가 기승을 부리고
동장군이 맹활약 중인 한겨울
나무들은 앙상한 **뼈대**를 부딪쳐
윙윙 속울음을 울어 댄다

곁가지가 **빽빽**한 나뭇가지 사이로
한여름 흔적을
고스란히 보듬고 있는
오 동 나 무

그 누구의 장롱이 되고
아름답고 슬픈 음에 간드러진 악기
또 어떤 이의 늘\*이 될 재목으로
피고 지고 피고 진 사랑

보랏빛 꽃자리마다
떨쳐내지 못한 가을의 결정체가
주렁주렁 매달려
오동나무 전설을 전하고 있다

\*늘 : 오동나무 관

# 불나비 2

한파가 몰아치는 겨울날
온 세상은 동장군에 포위되었다

겨울이란 빙하에 갇혀
떨리는 육신을 챙겨

심장에서 아우성치는 본능을
참고 또 참으며
아늑한 실내에 들어섰다

이글이글 타는 벽난로 위로
불나비가 되어
시뻘건 불길 속으로 빨려든다

추위 속 벽난로에
불나비는 활활 타올라
온몸을 온전히 불사르고

싸늘하게 식은 사랑에
불씨를 지피고 있다

# 해 지는 밤

태양이 집을 찾아가는 저녁
노을 진 하늘 위로
색색의 사연을 담은
무형과 유형의 경계가 없는
무한대 속에 피워진
삶의 굴곡 사이로 눈물인지 슬픔인지

아름다운 이상과 피 끓는 열정을
녹여내는 붉은 여정 속으로

뚝 뚝 떨어지던 절망과 한탄이
복잡한 도시를 떠나
한적한 하늘 위에서
사연 많은 구름 꽃의 고뇌를 풀어 보고파
이중 삼중으로 헝클어진 골 깊은 감정들이

낮과 밤의 골짜기에서
쓸쓸한 뒷모습에
허망함의 풀어진 눈망울을 밀쳐내고
꿈꾸는 밤을 맞이하고 있다

# 오월

강렬한 오월의 빛이
은둔의 표피 위에 내리 찍히고
물을 가둔 답이랑 위로
눈부신 태양이
이글거리는 눈으로 따라나선다

가지런히 논둑 위로 살을 붙인
찰랑이는 물 논엔
미꾸라지 메기 드랭이가 유영을 하며
농부의 피땀 어린 눈물은
생명체를 키워내기 위한 고통을 감수하고

자식을 길러내는 마음으로
부농의 꿈에 부푼 오월이
논 속으로 들어와 박혀
절묘하게 드러나는 뒤집힌 풍경 속으로
향기 짙은 신록이 흔들리고 있다

# 폭염

내리쬐는 태양이 무섭다
터질 듯 달궈진 열기로
온 대지를 푹푹 삶아내고 있다

아스팔트는 고무줄처럼 늘어지고
자갈밭은 뜨겁게 뜨겁게 울고 있다

내 몸의 심장 소리가 아슴아슴
갈증으로 말라붙은 심신까지
더위와 싸우는 눈물겨운 사투

독 오른 말벌이 되어
찍고 또 찍어내는 상처에 피고름이 줄줄

모든 건 시간이 가야만 익어가는 것
이 무더위도 다 지나갈 것이니

오늘도 뜨거운 자갈밭에
맨몸으로 뒹굴다가
피멍 든 육신을 가다듬고

이글이글 타던 태양 아래
짓무른 몸을 흘리며

소멸의 저녁 빛으로 흩어져
잠든 밤의 고요 속으로
열기의 여운을 뿜어내고 있다

# 마늘

흰 눈이 펑펑 퍼붓는 날
온 천지가 눈 이불을 둘러쓰고
보여주지 않겠다고 투덜투덜

바람이 불어 지나가는 자리마다
푸른 잎에 빙수 꽃 묻혀가며
가냘픈 몸짓이다

한 몸 묵혀 새순 피워 올리고
여섯 자식 몸을 키우며
한겨울을 버티어 낸다

혹한을 견디고 이겨낸 몸
눈물도 잦아든 겨울의 마늘밭엔
부푼 꿈 희망이 살포시 아른거리고

약이 채워진 마늘의 매운 삶이
가녀린 몸을 휘감으며
파르르 떨리는 가슴을 쓸어안는다

# 새벽

밤보다 더 어두운 새벽
잠 못 든 밤을 꼬박꼬박 기우고
귀 울리는 요동의 새벽이 열린다

어둠이 뒷걸음으로 스러져가는 찰나
화려한 일출이
뿌연 새벽안개를 낚고 있다

# 달무리

까만 밤하늘에
은하수 사이로
붉은 달이 떠올랐다

쨍쨍 살벌한 추위 속에서
하얗게 휘감긴 구름 위로
달무리 진 풍경

당신의 눈동자였다

흰 공막 위로 그려진 홍채
깊이를 알 수 없는 망막
무심히 벌어진 동공

누구를 응시하고 있는가

달무리 진 밤하늘엔
그리움에 젖은 휑한 눈빛이
속수무책 눈물을 흘리고야 말 기세다

## 별빛 쏟아지는 밤

음력 초닷샛날 밤
하늘에 달빛이 밝다

달 가운데로 한 무리 구름이 흐르고
빗발처럼 쏟아지는 별

헝클어진 머리칼은 흔들리고
달은 여인의 눈동자로
늦은 밤하늘을 탐색한다

바람도 멈추고
흔들리는 달빛마저 함구한 시간

별들의 소원을 들으며
깊어가는 밤의 골짜기를 돌아서
가시밭 길을 비추던 별빛

봇물 터진 은하수 한켠
별은 쉼 없이 떠돌아
쏟아지는 어둠 속을 밝히고 있다

# 파도 2

물의 힘을 믿는다

그토록 많은 것들을
부드러운 너울로 어루만지고는
있는 듯 없는 듯
들이댄 칼날

그러고는 흔적 없이
뭉개어서 만들어진 형상
예술의 경지

## 구월 장마

여름을 보내는 길목에
떨쳐내지 못한 장마가
하늘에 박은 뿌리를 감당 못해
대지 위로 내리꽂힌 빗발들

말라버린 땅은 빗물을 껴안지 못해
옆 가슴으로 쏟아내고
물의 힘은 상처를 내며 내달렸다

여기저기 토악질 된
붉은 황톳물
대지의 뜨거운 피가
지혈되지 못하고 산천을 휘감았다

초록의 솜털 위로 흐르는 선혈
여름 내내 기다린 그리움은
대지의 임인 비였지만

오랜 기다림은
피맺힌 혈투만 남기고
사방에 찢어진 상처
흉터만 뻘겋게 나뒹굴었다

# 별

그가 빛나지 않은 적은 없었다

그곳에서 그대로 수줍게
웃으며 있었다

그 누군가가 바라봐 주길 바라며

그래
그건 별이었다

그의 눈빛만이 알 수 있는

# 망각

한순간에 지나버린
시간마저 잊었던 삶

뒤적이다
묶인 옛 추억을 꺼내었다

젊은 날의 나
푸르른 신록 속에
힌 잇속 드러내고

잊어버린 미소 낯설게 다가선다

해맑은 미소가
남인 듯
동생인 듯
딸인 듯

나 아닌 이인칭 삼인칭의
그 누가 가느다란 얼굴선으로
나를 보고 웃고 있다

망각, 그 속에

# 이별

헤어지자고 말한 적도 없는데
이별은 이렇게 쉽게 와버렸다
한낮은 이별의 기미를 보이지 않으나
해지고 별들이 스멀거리면
젖은 풀벌레가 짖어대는
이별의 노래는 시작되고

고열에 짜진 인유가 증발된 후
서늘한 기운에 수축하는 모공
열렸던 창문들이 하나둘 닫히고
멀리 검은 하늘 속
깜박이는 별의 연가를 들으며
치열한 여름을 보내야만 한다

표피가 벗겨질 듯
복사열이 피부를 빨아대고
속에서 나오는 열기마저 더해지던
삼복더위 속
꺾일 줄 모르는 연속의 나날을
하루하루 세어가며 버티고 또 버티었다

한없이 올라가 버린 파란 하늘 아래
묵묵부답 타는 더위는
선들거리며 달려드는
가을을 어쩌지 못해
길을 열고 주춤거리는 뒷걸음으로
이별을 준비하고 있다

# 그림자


그대인 줄 알았더니
아니었네

까만 그림자였네

그립고 그리운 맘
까맣게 태웠네

# 홍수

온갖 세상의
이기심 실어 가는
성난 물의 회오리

자연재해가 아닌
득과 실이 얽힌
욕망의 실타래

개발이라는
이름으로 파헤쳐진
잘린 산등성이

신음하며
참아왔던 산맥이
속살을 드러내고

산하의 통곡 소리로
인간의 나약함과
어리석음을 꾸짖네

# 달맞이꽃

노오란 꽃잎은
순수의 전령사처럼
바람결에 흔들리고

태양의 열정보다
잔잔한 그리움은
별빛으로 흔들리네

차가운 새벽녘
샛별이 빛을 잃을 때
서글픈 마음 다독이며

꽃잎에 이슬 머금고
떠오르는 아침햇살에
스러지는 말 없는 사랑은

외로움에 서성이는
달빛 아래 긴 기다림
슬픈 외사랑 이어라

# 가을 4


옥수수 꽃피고
열매 익어 가면

바람 불어와
마른 잎 서걱이는 울림

수수모개 꽃피어
알알이 영글면

참새는 수수목을
휘-청 흔들고 가네

들판에 이는
바람은

황금물결로 일렁이며
바다를 꿈꾸게 하고

낙조의
붉은 기운은
가을을 익히네

# 낮달

빨래를 널며
올려다본 하늘에

무채색의 낮달이

파란가을 하늘빛
맑은 햇살과
마주하고 있네

쌉쌀한 밤을 지새고
미련을 떨치지 못해

하얗게 퇴색되어
만남의 소원 이루었네

## 천사의 나팔꽃

길을 걷다가
꽃집 앞
커다란 화분에

기다란 나팔이
꽃대에 매달려
주홍빛으로 흔들리네

햇살 맑은 날
부드러운 미소에
나팔소리가 날 것 같고

까만 밤이면
어둠을 밝히기 위해
진한 향기 뿜으며

덧없는 사랑에
슬픈 밤에만
애틋한 향을 품는가

# 아버지

어릴 적
학교에 다녀오면
아버지는 마당에 앉아
이엉*을 엮고 계셨지

갈라진 손끝에
장갑도 끼지 않으시고
손목을 돌려가며
용마름*을 틀고

긴긴 겨울밤이면
갓방에 앉아 새끼를 꼬아
덕석을 만들고
짚 소쿠리를 짜시던 아버지

소먹이 짚을 썰며
힘겨웠던 작두질에
손가락이 잘리셨던
굵고 까칠했던 따스한 손

내* 나는 아궁이에 앉아

아침저녁으로
소죽을 끓이시던
정 많고 자상하셨던

그 리 운   아 버 지

*이엉 : 짚을 엮어 초가지붕을 만듦
*용마름 : 초가지붕 꼭대기를 덮는 것
*내 : 연기(사투리)

## 밤바다

칠흑 같은 바다는
소리를 내며 운다
싸-아 싸-아

흰 거품을
내뿜으며
울어대는 소리들

어둠을 걷어
희망을 보듬기 위한
몸부림처럼

바다는
미지의 세계에
얽힘을 풀어내듯

몰려왔다 밀려가고
비릿한 향내를 풍기며
세월 속 이야기를 풀어낸다

# 봄의 손짓

아지랑이 어른거리는 봄날
보리, 밀은 파란 잎을 올리고
냉이꽃 하얗게 피면

들판에 농부의 손길이
바쁘게 움직인다

매화꽃 피고
산수유 노랗게 흐드러지면
목련꽃, 개나리 만발하네

난초는 여린 잎을
작약은 붉은 새순을
명자꽃은 주홍빛 날개를 달고

아름다운 모습
가녀린 미소로
세상에 손짓을 한다

## 설야

붉은 빛을 발하는
골목길 가로등 밑에 서면
흩날리는 흰눈이
축복처럼 내게로 몰려온다

하얀 꽃눈이 안개처럼
어둠을 감싸며
메마른 나뭇가지에
옷을 입히고

세상의 이야기를
부드럽게 포용하는

눈 내리는 밤은
미움과 분노와
어리석음도 모두 비우고

넉넉한 마음으로
내일의 희망을 준비하는
설렘에 행복한 밤

# 가을 달빛 2


창문에 드리운 커튼 사이로
차갑게 달려드는
가을 달빛

서늘함에
흐느낌은 찬 서리로 내리고
눈물처럼 떨어지는 붉은 낙엽

달빛의 피눈물이
대지를 적시며
시린 가슴을 껴안는 밤

그 누구의
서린 한을 달래 주려고
저토록 밤을 새워 흐느껴 울까

# 어머니 2

꽃방거리* 여울지는
설렘의 고향

아득히 밀려오는 추억 속에
옹기종기 모여서
즐겨 놀던 곳

시장 가신 어머니
마중 가는 길
키밑재* 넘어서 기다리다가

어긋난 길로
허탈하게 돌아오면
벌써 와 계시던
내 어머니

주렁주렁 무거운 짐
머리에 이고
온몸으로 살아오신
주름진 얼굴

신작로 뿌연 먼지 길
향수에 젖어

어릴 적
기억 속에 머무르는
아- 그리운 내 고향집

나의 어머니

*꽃방거리 : 동네 앞 민둥산
*키밑재 : 동네 동쪽에 있는 작은 산

3부

천년의 사랑

임의 발치에 닿지 못한 애틋한 정을
사르고 또 사르며
가슴 속으로만 어루만진
끝낼 수도 없던 사랑이

# 이슬

파란 풀잎 위로
알알이 맺힌 물방울
까만 밤을 태우며
소리 없이 내려앉은 이슬방울

맑은 눈물이 대지 위에
영혼의 수를 놓고
어느 여인의 서글픔인지
뭇 사내의 아픔인지

광란의 질주를 마치고
고요한 어둠 속에 묻힌
밤을 지낸 이슬이
영롱한 햇살에 묻어나고

평온의 새벽
먹물의 어둠을 정화한
수많은 이슬방울이
여명의 해를 맞이한다

## 가시연꽃


뿌연 흙탕물이
곱게 가라앉은 물빛 위로
고요히 펼쳐진 가시 연잎

날카로운 가시들을
연잎 뒤에 숨겨두고
수면 위로 봉긋이 얼굴을 내민 가시연꽃

잎과 줄기마다
진흙 속에 뒤엉켜 솟구친 가시들
참고 또 참았을 피안彼岸의 삶

가슴속에 울려오는 아픔이
가시처럼 파고들어
상처 위로 얹어지면

고독과 함께 녹여진
마디마디 흔적이 별이 되어
화려하게 피어난 가시연꽃

# 마음 2

아!
무엇 하러
욕심을 내었을꼬

이렇게
흘러가는 강물처럼
자유로운 것을

또 이렇게
잔잔한 호수처럼
고요한 것을

# 성황산

맑은 숲 내음
곰슬 곰슬 땅속에서
새순들이 올라온다

산 벚꽃은
솜털처럼 부풀고

수줍은 두견화
나무를 쪼아대는 딱따구리
다람쥐는 내달리고

산새 소리 청아한데
놀란 장끼
푸드덕 날아오른다

신우대 숲길
일렁이는 바람 소리에
마음을 비우고

성황산 정상에 서면
반갑게 만나는 풍경에
가슴 벅찬 기쁨을 만끽해본다

## 풀벌레의 노래

폭염에 잠 못 드는 밤
연속되는 더위가 발목을 붙들고
일그러진 얼굴에 검은 반점을 만든다

무더위는 사그라질 줄 모르고
시야를 가리는 희뿌연 연무
이글거리는 열기는 대지를 고문하고

토지 위의 생명을 옭아매고 비틀어
뒤틀린 삶의 목숨 줄을
흔들고는 들었다 놓았다

눈물마저 말라버린 황토 흙에는
붉은 먼지만 흔들흔들
어떤 생명도 살아갈 수 없는 환경

혼돈의 세상 속
지푸라기라도 잡으려는 듯
풀숲 벌레들이 서글프게 가을을 불러오고 있다

# 가을 5

물감 푼 하늘이 내려오니
흰 구름이 높이 솟아
하늘 창에 걸리고

옥수숫대는
물빛 하늘 위로 높이 손을 흔들지만
물 빠진 마른 잎만 워석워석

소리 없는 비행기는 미적미적
흰 구름을 만들고 사라진 하늘에
수채화 한 폭 걸렸다

# 가을 달빛 1

11월의 늦은 밤
동녘 하늘에
뜬긴 달이 떠올랐다

가을도 깊어진 밤하늘에
노오란 은행잎 하나
떡하니 걸려있다

퇴색된 낙엽
그리고 일그러진 하현달
계절이 떠나는 풍경 속으로

아! 가을 가을
가을이 가려나 보다
붉은 단풍잎 하나 매단 채로

늘 푸른 소나무 밑에
우슬초는 아직도 시퍼런데
가을 달빛이 아쉬운 이별을 고하고 있다

# 단풍 1

누구의 사랑일까

붉은 저 단풍

뻘겋게 뻘겋게 타오른 불꽃


내 눈도 이글이글

불길에 데겠네

# 천년의 사랑

백제의 달빛이
정읍사* 공원에 스미는 밤
두 손 모은 여인이 하늘을 우러르고
빌고 또 빌고 있다

천년을 빌고도
이루지 못한 한
부부의 연을 맺고도
그립고 또 그리운 사랑

임의 발치에 닿지 못한 애틋한 정을
사르고 또 사르며
가슴 속으로만 어루만진
끝낼 수도 없던 사랑이

오백 년 천년이 흐르고도
변치 않는 애정으로
두 손 모은 그리움이
망부상으로 우뚝 서서

자자손손 세세손손

사랑의 힘을 보여주며
그리움의 시간들
애틋함으로 전해지고 있다











*정읍사 : 백제가요

# 황토현

어릴 적 어른들 하시던 말씀
'각시 없인 살아도 장화 없이는 못 산다'고 하시던
시뻘건 황톳길을 넓히고 자갈이 깔렸다

땔감이 귀했던 시절
갈퀴로 솔잎을 긁어모아 나무를 하던 우거진 숲에
동학혁명 기념탑이 세워지고
동으로 조각을 만들며 부족한 동을
1원짜리 동전을 녹여 농민군의 부조상이 만들어졌다

인정받지 못했던 민초들의 열망이
함성으로 황토현에 울려 퍼지고
농민군의 목을 적셔주던 가정리 우물물은
세기를 넘어서도 마르지 않고 샘솟았다

황토현 정상에서 보이는 배들 들녘은
소의 마시멜로가 즐비하게 늘어서서 등을 밝히는
평온하게만 보이는 평야 위로
질곡의 삶을 살아온 배고픈 농민의 한숨이
만석보에 휘파람 소리로 울려오고

세월을 지켜온 황토현은
붉디붉은 피로 물든 민초들의 한이
여전히 세상을 밝히는 촛불로 남아
흰 쌀밥인 이팝나무꽃으로 피어나고 있다

# 겨울 담쟁이

붉은 벽돌 회색빛 틈바구니에
촘촘히 뚫린 그물망으로
수를 놓은 담쟁이 줄기들

담벼락을 감싸 쥐고
잎을 떨구어낸 알몸이
한겨울 추위에 떨며 기침을 한다

뒤틀리고 휘어진 가녀린 몸으로
고통을 이겨내는 힘겨운 나날을
마른 가슴으로 지켜내고도

황량한 겨울하늘 끝에
닿을 수 없는 슬픈 몸짓으로
두 팔을 벌리고 그렁그렁 맺힌 눈물이

희뿌연 창공에 그림자를 드리우고
따스한 햇볕 들 날을
두 손 모아 기다리고 있다

## 손톱깎이 발톱깎이


손톱깎이로 손톱을 자른다
발톱깎이로 발톱을 자른다
손과 발이 개운하다

아-
내 가슴 파먹는
너도 깎아내고 싶다

싹-뚝
시원하다
후련하다

# 낙엽

누가 보냈을까
가을 물든 낙엽
갈바람 맞고 우수수
메마른 땅 위로 내리 앉았다

켜켜이 쌓인 편지
긴 이별 속에서
쌓이고 쌓인 사연들
아무도 보지 않을 것 같던 무심함

그래도 또 가을은 오고야 말았다

낙엽에 박힌 마음이
섣부른 바람 속으로
뚜벅뚜벅 걷던 발자국
그리움만 한 움큼 낙엽을 밟고 있다

# 핑계


깜깜한 밤하늘에
흔들리는 달이 떠올랐다

뿌옇게 달을 휘감은 빛
달이 울고 있었다

아니
내가 울고는 달이 운다고

부득부득 우기며
핑계를 대고 있다

## 사선의 빛

떠오르며 어둠을 가르는 태양
어두운 그늘을 없애기 위해
깊은 골짜기에도 옆으로 누워
세세하게 빛을 나눈다

지는 석양 노을빛도
자오선의 한 가운데에서
응달진 골짜기에 볕을 나누기 위해
사선으로 빛을 보냈다

어둠의 그림자
명멸하는 빛에 자리를 내주고
진자리 마른자리 고정되지 않았음을
움직이는 빛이 가르쳐 준다

태양 앞에서
모두가 공평하다고 내려주는 빛살
그리하여 깊은 숲에도
수줍은 초록이 웃고 있다

# 눈

사나운 바람이 바닷가를 걸을 때
표피에 회초리를 들이대는
아픔을 나누던 날

흰 눈은 갈피를 잡지 못해
기우뚱 흔들리며
섣불리 낙하하지 못했지

반짝이던 하얀 눈
눈물을 머금지 못해
푸석이는 몸으로 대지 위에 사뿐

빌려 앉은 의자 위에 위태로운 자태
지나는 발걸음에 화들짝 놀라
한 발짝 비켜 앉던 푸성귀의 흰 눈

# 가을밤 2

별이 쏟아지고
꽃잎이 쏟아지고
낙엽이 쏟아지고
그리고 눈물이 흩어지는 가을밤

마음을 울려오는 아픔은
가슴을 도려내며
깊어가는 밤하늘에
비명을 드리우고

스치는 바람결에
서늘한 이별이 못내 아쉬워
꿈결 그리움을 밀쳐내는
가을 밤

# 바다

광활한 바다는
가슴을 두근거리게 하고

넘실대는 파도는
어둠 속 희망을
건져 올리기 위해

지구 끝과 끝을 이은
힘겨운 실랑이를 벌이고 있다

바위틈에 부딪혀
아픔을 이겨내며
새로운 꿈을 향해 도전하는

탁 트인 바다는
우리에게 미지의 세계를
펼쳐 보라며 손짓을 한다

# 그대

설레는 마음으로
그대에게 다가갔지

세상의 힘든 일도
무서울 게 없었다네

그와 함께라면
두려움의 떨림마저
희망으로 바꿔내는 삶

그대가 있어 행복하고
지혜로 난관을 헤쳐가는

그대와 난
걸림돌이 아닌 디딤돌

진정한 버팀목이라네

# 가을 2

아! 가을
산은 불을 지피고
꺼지지 않은 불씨를 안은
낙엽이 대지 위로 뒹군다

가슴에 남은 열정
남겨진 여운을 불사르고자
몰락한 삭정이를
주홍빛 그리움으로 태운다

나무들은 가둬둔 가슴을
오색지로 여미고
붉은 속을 내밀어
물그림자 속으로 타닥타닥 불타고 있다

## 담쟁이넝쿨

붉게 타는 노을빛 따라
담벼락 위로 가파르게 선
담쟁이넝쿨

반짝이는 여린 잎
진초록의 녹음으로
감싸 안은 시간들

풍파로 달려온
굴곡진 삶의 이야기
묻어 두고서

보란 듯
껴안은 상처를
어루만지며

빨갛게 익히는
가을빛을
하염없이 흔들고 있다

# 가을 3

누구의 그림자일까
누구의 뒷모습일까

대지 위에 찍힌 낙엽 눈물

그렁그렁 뭉그러진 잎새 하나

가슴팍에 박힌 가시가
수없이 무너져 내리는

아! 가을

# 별 헤는 밤 2

가을 하늘이 너무 맑아
별은 깜박이며 흔들리고
별똥별은 여운을 가르며 쏟아지고

비 오는 가을밤엔
우주를 떠돌던 수많은 별들이
대지 위로 내려 앉는다

그리도 빛나던 별은
안착한 대지에서 잠이 들었는지
빛을 안으로 싸안고

수천수만의 오색 물결을 이루고
두런대는 수다를 떨다
은하수 위 깊은 잠의 수렁으로 빨려든다

# 눈 2

하염없이 쏟아지는 흰 눈
너무 반가워
두 팔 벌려 품에 안았더니

누구의 서글픔인지
내 가슴에 내리 앉아
흘러내린 눈물

따스한 마음을 타고
묻어두었던 그리움이
바람에 휘돌아 가듯

잊히지 못한 감정들이
흰 눈 속으로
얼기설기 뿌려지고 있다

# 꽃 2

마른 가지에
불현듯 피어오른 생명

꽃인지 잎인지
알 수 없던 희망이

여기저기에
잉태된 불을 피우고

메마른 삶에 지쳐갈 즈음
새 생명이 꿈틀댄다

주검의 공간 위로
삐져나온 숨 꽃

희망의 노래를 부르며
싱그런 삶으로 미소 짓는 너

# 봄비 2

메마른 대지가
간절히 원했던 건
가슴속으로 젖어들
촉촉한 단비

뿌옇게 가려진 장막 속으로
오염된 황사 바람이
세상을 감금시킨 봄

따스한 바람이
사람들의 마음속으로
한 발짝 들어와 서서
묶인 어둠에 빗장을 열고

쏟아지는 안개비가
먼지바람을 잠재우며
늦잠 든 대지를 깨운다

# 텃밭

잡풀 우거진 텃밭 위로
슬며시 고개 내민 분홍빛 시루나물꽃*
한겨울 추위를 이기고
보란 듯이 꽃을 피웠지만

주인은 어디 가고
텃밭은 공휴지가 되었다

겨울을 이긴 잡풀들이
다투어 꽃을 피워내며 뽐내지만
주인은 겨울을 버텨내지 못하고
이승과의 작별을 고했네

다정했던 노부부
텃밭을 가꿀 기력마저 소진해진 몸
어차피 가야 할 길인 걸 알고
인정은 하면서도

눈과 손이 가는 곳곳마다
떼칠 수 없는 정에 눈물 마를 날이 없다

생이 다하는 날
미련 없이 내 DNA를 간직한
그들에게 멋진 마지막 인사를 하며
아름다운 이별을 할 수 있다면

저 텃밭은 주인을 잃었지만
아기자기 텃밭을 일구던 당신은
또 다른 세상으로
멋진 여행을 떠났으리라

*시루나물꽃 : 광대나물꽃의 사투리

# 4부

## 빨간 우체통

긴 기다림의 설렘으로
오늘도 그리움의 연서를
한 아름 띄워 보낸다

## 목련꽃 지는 길목

싱그런 봄기운이
온몸을 휘감으며
대지 위로 속삭이는 환희의 봄

연분홍 벚꽃이 만발할 때
목련은 잔가지에 드리운
환상의 꽃잎들을

축제가 끝난 뒤의
허무하고 쓸쓸한 뒤안길로
한 잎 한 잎 떨궈지고

채기가 가신 뒤의 시원함인지
눈물을 떨구는 서글픔인지
핏빛으로 물든 뒷모습

목련이 지는 슬픔
길목을 물들이는 참담함은
만발하는 봄꽃 속으로 스러지고

산고로 얻은 새 생명처럼

목련의 연둣빛 잎이
환하게 미소 짓고 있네

# 반사경

질주하던 차량들이
굽어진 도로에서 속도를 줄이고
고개를 두리번두리번
커다란 반사경이 환하게 웃는다

볼록하게 솟은 배를 붙들고
저 멀리까지 껴안고 있는 거울 속으로
세상 사는 이야기를 가득 품고는
나그네의 길동무가 되어 미소 짓는 얼굴

그 속에서 살아내는 군상들이
바쁜 일상으로 치열하게 달음질을 하고
무심히 지나치다 둥그런 옹달샘 속
헝클어진 자신을 바라보며

속도와 효율에 길들여진 삶 속에서
보다 더 멋진 삶을 이루리라
채찍의 담금질에 비친
반사경의 위로에 힘을 얻는다

## 꽃잎이 바람에 흔들릴 때

봄바람이
겨울잠을 깨우더니
마른 가지에 생명을 불어넣고
희망의 나래를 펴면

봄비에 꿈이 부풀 듯
꽃망울이 터지며
천지를 부드럽게 물들이고

황량한 가슴에
불을 지피며 피어나는
꽃들의 잔치

한잎 두잎
꽃잎이 바람에 흩날리면
안타까운 이별이 숨을 멎게 한다

아-
꽃잎이 흔들릴 때
쓰디쓴 눈물도 흘러내리네

# 갱년기

뜨겁게 살지 못한 죄
단죄하듯 찾아온 이 열기
이루지 못한 것들이
아쉬움으로 남아 솟은 불

수많은 젊은 날을
허둥지둥 보내버린
아쉽게 지나간 삶이
가닥이 잡힐 듯 느껴지는 순간

성취한 것보다
미련하게 놓쳐버린 허무함에
열정을 피우지 못해
가슴 깊이 묻어 둔 회한

온몸에 펄펄 끓는
불길을 식혀 보고파
대나무 자리 위를 뒹굴어도
가라앉지 않는 이 불기둥

살아온 세월을 비워내고

흐트러진 정신을 검은 재로 태워
보다 더 값진 삶을 영위해 보라며
헌 허물을 벗고

다시 시작하는 새로운 삶

## 천상의 커튼


청명한 하늘 위로
가지런히 뻗친
열네 줄의 빛깔

세상을 뒤덮은 연무는
날마다 찜통의 기록을 갱신한다

팍팍하게 막혀오던 가슴
뿜어져 나오던 열기

무더위는 인간의
몸과 마음을 혼탁한
미궁으로 몰아넣는다

폭발할 것 같은 몸이
시들어 가는 잡초처럼
힘을 잃어 갈 즈음

후드득후드득
쏟아지는 소나기

세상의 온갖 이물들을
깨끗이 씻어주고
생명을 밝히듯 힘을 실어주면

맑게 갠 하늘 위로
열네 줄의 신비
쌍무지개가 환하게 빛나네

# 낡은 기와집


세월을 먹은 고래 등 같은
육중한 검은 기와집

퇴색된 기왓장에
흉터로 얼룩진 황톳빛
속살을 내보인다

사람들은
콘크리트 건물을 올리느라 분주하고

오래된 정원 위로
용마루가 부서지며 흩어지는
낡은 기왓장

추억 속
아버지의 굽어진 등이
각막 위로 뿌옇게 흔들리면

늙은 기와집이
아쉬움에 뒤척이며 아련한 기억 속
옛이야기를 들려주고 있다

# 그녀

까만 눈동자 가녀린 몸으로
껑충껑충 장난치며 날리는 손짓

날카로운 손끝으로
소리 없는 총을 쏘아댄다

때로는 해맑은 미소로
내 눈을 들여다보다가
찡긋하며 날리는 윙크

기분 좋으면
얼굴 가득 해맑은 눈웃음에
도톰한 입술을 모아
쪽쪽 뽀뽀를 날리는 그녀

아무리 보아도 귀엽기만 한
사랑스런 그녀

초롱초롱한 그 얼굴 속에
어머니, 할머니의 모습이 함께 웃고 있다

# 사랑

먼발치에서
바라보던 그 사람이
어느 날 마음속으로 들어왔다

하루하루가 그 사람의
생각들을 더듬으며
온몸을 휘감았던 순간들

세상에 변치 않은 것이 있을까
사랑은 움직이는 것

열정으로 끓어오른 사랑이
변치 않길 바라는 건 욕심

검게 식혀진 용암처럼
비켜 앉은 사랑

네가 나보다 더 소중했던
그 사랑이
바람에 흔들리는
촛불이 되어 싸늘하게 꺼졌다

# 그 가을 억새는

언덕 위에 바람을 타고
흐느끼던 몸짓
하얀 속살을 부여잡고
눈을 감는다

파노라마처럼 스쳐 간 일상이
부대끼며 멀어져간 삶이
허전함과 서러움에
가녀린 몸으로 울먹이는데

아!
무성했던 젊은 날의 열정이
건기에 바짝 마른 사막 위에서
혼미한 정신을 붙들고
미련하게 하늘을 이고서
흐느끼던 서글픈 눈빛

그 가을 억새는
파란 하늘 위로 스러지는 추억에
흰 눈물을 쏟아내고 있다

## 처서


불볕더위에 지쳐
나른해질 때
해 질 녘 불어오는 찬바람

풀벌레도
찬 기운에 도취 되어
애절하게 울어대고

장대비가 가을을 재촉하듯
서늘하게 내리면
젖은 나무들이
꿈틀거리는 시간

풀잎은 비에 젖은 무게를
견디지 못해 비틀거리고

초록의 여름날이
가을 문턱에서
머뭇거리고 있다

## 빨간 우체통

무언의 언어들이
사랑의 빛이 되어
하염없이 써 내려간 심연의 글

애태우며 간직했던 수많은 날들이
흰 종이 위에서
한 송이 꽃으로 피워지고

목울대 밑에서 못 박힌 말
펜을 빌어
무언의 약속 열매로 엮어지고

붉은 우체통에 희망의 날개를 달아
훠이훠이 날려보마고
굽어진 등을 어루만지며

긴 기다림의 설렘으로
오늘도 그리움의 연서를
한 아름 띄워 보낸다

# 양귀비꽃 2

푸르른 신록 위로
하늘거리는 붉은 너의 자태에
시력을 감금당하고

터질 듯 번져오는 광채에
함몰된 자아는
마음까지 마비되어

쓰리게 뇌리를 감싼
검푸른 잡초 위로
바람을 타고 뒹구는 양귀비꽃

젊은 날의 꿈이
안개처럼 피었다가
흰 물거품으로 일렁이며

화려함 뒤로
바람 빠진 풍선처럼
허탈한 슬픔으로 다가서는 꽃

# 눈물 2

하늘이 저리 우는 건
누구의 슬픔을
달래주기 위함인지

숨통을 틔워 보기 위해
가슴을 부여잡고 흐느끼는
몸 부 림

칠흑 같은 어둠 속
흔들리는 차창을 감싸 안고
매섭게 부딪치는 빗물

차가운 바람 속으로
오욕에 얼룩진
가시 박힌 눈물이 떨어진다

# 문신

비가 내린다

오랜만에 내리는 비는
용광로처럼 끓던 대지를 식히며
비릿한 냄새를 동반하고
바람을 친구 삼아 흩뿌리며
많은 추억을 떠올리게 한다

삶의 순간마다
하나의 추억이 된다는 걸
영혼을 갉아먹듯 추억을 꺼내 보며
젊은 날을 회상하고
흔들리는 마음을 다독다독

지금 살아가는 삶이 최상의 그림이듯
몽돌처럼 닳고 닳은 마음에
영혼의 마법을 걸 듯
가슴속에 문신을 새기며
소나기 내리는 오늘도 묵묵히

# 그냥

가슴 쓰린 아픔도
눈물 흐르는 마음도
다음을 위한 담금질

즐거움을 위한 삶이라도
행복을 위한 몸부림도
모두 다 내일을 위한 일

지금의 일들은
죽음도 아니요
이겨낼 만큼의 고통

그저 그냥
한 번 넘어졌을 뿐
그로 인해 더 튼실한 내가 되는 것

# 코골이

고요한 밤
정적을 깨고
거칠게 들려오는 숨소리,
둔탁한 코 고는 소리

드르렁
드르렁
하루의 고된 삶이
온몸에서 전율한다

아무리 뱉어내도
버려지지 않는 고통스런
삶의 파편이

몸속에서 악기를 연주하듯
음률로 메아리가 되어
허공으로 흩어진다

## 가을이 못다 쓴 편지


흰 눈이 내려
앙상한 가지 위로
부드러운 눈꽃 옷을 입힌 날

읽히지 않은 주홍빛 사연이
눈물로 대지를 적시고
가슴으로 스미는 애달픈 이야기가

혹한의 허공을 휘돌아
미완의 설움을 안고
겨울 모퉁이를 서성이다가

가을 끝자락 붉은 단풍잎이
쌓인 눈 위로
다하지 못한 꽃단풍 편지를 쓴다

## 은행나무


잘려진 나무들이 쌓인 무더기
세월 속 빛바랜 칙칙함이 묻어나고
고목이 잘려 생명을 멈춘
움츠리고 지낸 시간 속으로

천년의 고독을 간직하고
가슴이 아파와 눈물을 삼키며
가두어 둔 모든 미련을
누르고 또 눌러 깊이 묻었다

찰나처럼 지난 천 년

그리고 죽은 나무에서 꽃이 피듯
파릇파릇 잎이 피었다

붉은 꽃을 피우고 싶은 열망 때문인지
영겁의 세월을 지내고도
이룰 수 없는 꿈은

노란 노오란 잎으로 타올라
한 잎 아니 한 오라기도 남기지 못하고

온몸을 떨고 떨어
떨구어진 잎

황금빛 흔적들이 온 대지를 덮고 있다

# 불나비 1

어두운 골목을 헤매다가
붉은빛에 휘둘려
남은 열정을 태워보리라

서글픈 그늘 아래서
움츠러든 삶을
희망의 날개로 바꿔보려고
안간힘으로 버텨보지만

검은 구름이 걷히게 되기란
사투의 길이라는 걸
온 몸이 땀, 눈물에 절어
천근만근의 육신을 이끌고

그곳이 곧 삶의 끝이라 해도
쉼 없는 날갯짓의 질주를 멈출 수 없는
촉수를 단 화살이 되어
타오르는 불빛 속으로 뛰어든 불나비

# 구월

육중한 고목나무들이
흔들리는 바람 사이로
여린 잔가지를
사시나무처럼 떨고 있다

청록의 잎들을 살찌우려고
그토록 내리꽂히던
강렬한 빛

옅은 미소를 머금은
구월이 여름을 짓누르고
잔잔한 구름 위로
시원한 바람을 몰고 오면

여름날에 지친 육신은
선들바람에 온몸을 맡기고
가을 문턱을 들어서고 있다

## 동백꽃 지다

붉은 동백이
질긴 생명력으로
누구를 지켜주기 위함인지

둥근 몸에 반사된 불빛에 휘둘리다가
발등에 내리꽂힌
날카로운 비수처럼 뿌려진 꽃몽우리

애절함이 묻어나는 꽃 속으로
기나긴 겨울
한파를 견딘 고결한 빛

버티고 버텨낸 아픔으로
얼룩진 동백꽃은
또 다른 슬픔으로 봄맞이하고

하얀 겨울을 지낸 꽃잎이
뚝뚝 떨어지는 눈물로
고뇌의 이별을 맞고 있다

# 겨울 1

갈증으로 말라붙은 들녘
매서운 바람이
앙칼지게 훑고 간다

작은 고랑 언덕 위로
억새는 칼바람에 시달려
앙상한 뼈대만 흔들리고

갈대는 미련을 버리지 못한 채
흔들리고 뒤틀리며
헝클어진 머리털을
움켜쥐고 버티고 서서

홀 사랑의 그리움에
골 깊은 시름의 주름을
펴지 못한 채
눈물마저 말라버린 눈으로

산 넘어 밀려오는
겨울 그림자를 시린 가슴으로
마주하고 있다

# 가을밤 3

호수 속에 빠진 달이 눈물을 흘리고
별은 블루 빛에 반짝이며 윙크하는 밤
누구를 애타게 기다리는지
무심한 바람은 구름을 데리고 가고

하늘을 나는 새는 이정표를 찾아
조바심의 날갯짓으로 집을 찾고
칠흑 속 검은 그림자에도
형체를 세워 논리적 사고를 엮는다

석공의 예리함을 빌어
허약한 자아의 결단력을 보완해
돌에 글을 새기듯
마음을 세워도

혼돈 속에 빠져 헤어나지 못하는
눈물로도 어쩔 수 없는 방황을
언제나 멈출 수 있을지
시간의 흐름이 제동의 힘을 확보해 줄까

스산한 가을밤이

더 아프게 다가오는 건
달빛 위에 흔들리는
억새에 그림자 탓을 해 볼까나

# 감

바람이 목전을 휘돌아
가슴팍 밑으로 휑하니
노을빛 그림자를 길게 드리운 날

물빛 그리움의 하늘 위에
붉디붉은 연시를 매단 굽은 감나무

끓어오른 열기를 감당 못해
지나간 세월에 걸쳤던 누더기를
미련 없이 벗어 던지고

세상사 고된 삶에 이끌리듯
중력의 힘을 빌려
모난 곳 둥글게 둥글게

타협하며 지켜온 그곳에서
오늘도 떡하니
두 팔 밑 겨드랑이 사이로

밤손님처럼 치고 들어와
붉은 심장 하나 훔쳐내고 있다

# 억새 1

바람에 부딪는 낙엽이
등 뒤에서 나를 부르네

생명을 다한 억새는
흰 잇속을 드러낸 채
마른 일상을 접고

다음 생의 찬란한
환희를 꿈꾸며

빈 들판에 파수꾼이 되어
흔들리며 흔들리며
굳건히 견디고 서 있네

# 눈 내리는 내장산


진눈깨비가 흩날리더니
거칠고 황량한 풍경을
순백의 아름다움으로 만들었다

이렇게 멋진 세상을 만들기 위해
하늘에서 흰 나비들이
너울춤을 추며 내리고

흰 눈이 몰아치는 일주문, 벽련암 서래봉
굽이굽이 돌고 돌아 불출봉 망해봉 까치봉까지
눈 내리는 내장산의 설경 속에

내장호수는 물안개에 갇혔는지
눈 속에 묻혔는지
수많은 눈꽃을 삼키고 또 삼킨다

먼 산들은 눈발 속에
형체도 보이지 않고
뿌연 미로 속으로 숨어버리고

청둥오리는 호수 속에서

주인 노릇을 톡톡히 하며
잔물결을 가르고 또 가른다

## 눈의 화원

햇볕은
구름 속으로 숨어버리고
맑았던 세상은
잿빛에 갇혔다

허공 속을 맴돌아
너울너울 춤을 추며
내려앉는 눈발들

작은 알갱이들이
흔들리며 돌아앉아
솜털로 빛나던 찬란한 빛깔이
눈을 뗄 수 없게 하고

세상을 휘감은 순백의 빛들은
눈꽃으로 화려한 화원에서
흰 이를 드러내며 미소 짓고 있다

## 팽목항의 바람

곳곳에 솟아오른 산봉우리가 앞을 막아서고
산과 산이 손을 잡고 선
바다와 산의 조화 속에
철썩 철-썩 부딪치는 파도가 숨죽이지 못하고
속울음을 참지 못해 울어대고 있다

저 파도의 울음소리가
처절하게 들려오는 건
바닷속에서 울부짖는
그들의 한 맺힌 절규를
멈출 수 없기에 마음을 할퀸다

무엇으로도 위로가 될 수 없는
아슬아슬한 아비규환의 참상이
세월 속 빛바랜 슬픔이 되지 않기를
가슴을 울려오는 영혼들의 비명소리가
붉은 등대 위로 소용돌이 되어 흐느낀다

진도의 팽목항은 바람마저 슬프다

그림과책 시선 205

천년의 사랑

초판 1쇄 발행일 _ 2020년 2월 28일

지은이 _ 김정임
펴낸이 _ 손근호

펴낸곳 _ 도서출판 그림과책
출판등록 2003년 5월 12일 제300-2003-87호

03030 서울 종로구 통일로 272, 210호(송암빌딩)
　　　도서출판 그림과책
전화 (02)720-9875, 2987 _ 팩스 (02)720-4389
도서출판 그림과책  homepage _ www.sisamundan.co.kr
후원 _ 월간 시사문단(www.sisamundan.co.kr)
E-mail _ munhak@sisamundan.co.kr

ISBN 979-11-90411-06-6(03810)

값 12,000원

◆ 잘못된 책은 교환해 드립니다.
◆ 저자와의 협의로 인지는 생략합니다.

이 도서의 국립중앙도서관 출판예정도서목록(CIP)은 서지정보유통지원시스템 홈페이지(http://seoji.nl.go.kr)와 국가자료공동목록시스템(http://www.nl.go.kr/kolisnet)에서 이용하실 수 있습니다. (CIP제어번호 : CIP2020007263)